Celebremos las
fechas patrias

Cinco de Mayo

Aaron Carr

www.av2books.com

El enriquecido libro electrónico AV² te ofrece una experiencia bilingüe completa entre el inglés y el español para aprender el vocabulario de los dos idiomas.

This AV² media enhanced book gives you a fully bilingual experience between English and Spanish to learn the vocabulary of both languages.

Spanish

English

Navegación bilingüe AV²
AV² Bilingual Navigation

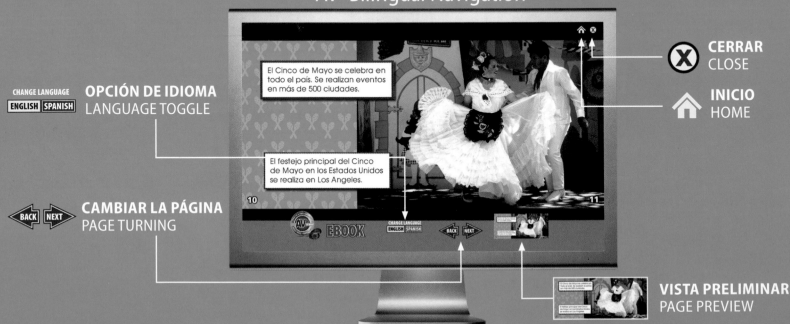

El Cinco de Mayo se celebra en todo el país. Se realizan eventos en más de 500 ciudades.

El festejo principal del Cinco de Mayo en los Estados Unidos se realiza en Los Angeles.

CERRAR CLOSE

INICIO HOME

CHANGE LANGUAGE ENGLISH SPANISH
OPCIÓN DE IDIOMA LANGUAGE TOGGLE

CAMBIAR LA PÁGINA PAGE TURNING
BACK NEXT

VISTA PRELIMINAR PAGE PREVIEW

Celebremos las fechas patrias

Cinco de Mayo

ÍNDICE

4

El Cinco de Mayo se celebra todos los 5 de mayo. Es el día en que se recuerda una importante batalla mejicana.

En inglés, Cinco de Mayo es *May 5th*.

El Cinco de Mayo es la fecha de una batalla entre Méjico y Francia. La batalla ocurrió hace más de 150 años.

Hoy, la gente se disfraza para representar esta batalla.

8

En las celebraciones del Cinco de Mayo, suele haber eventos para recordar a Ignacio Zaragoza, el general que dirigió al ejército mejicano.

Ignacio Zaragoza nació cerca de Goliad, Texas.

El Cinco de Mayo se celebra en todo el país. Se realizan eventos en más de 500 ciudades.

El festejo principal del Cinco de Mayo en los Estados Unidos se realiza en Los Angeles.

El Cinco de Mayo es mucho más que la celebración de una batalla. Se ha convertido en un día en el que los latinoamericanos celebran su cultura.

El Cinco de Mayo es un día para comer muchas comidas especiales. Ese día se suelen servir comidas mejicanas, como gorditas y menudo.

15

El Cinco de Mayo es una fiesta o día festivo. Es una gran fiesta en la que, tradicionalmente, hay comidas, desfiles, música y bailes.

Los niños rompen unas bolsas de papel maché llenas de golosinas, que se llaman piñatas.

El Cinco de Mayo es un día para hacer flamear la bandera mejicana. La gente se viste de verde, blanco y rojo porque esos son los colores de la bandera.

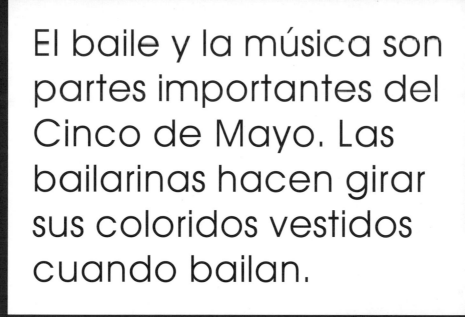

El baile y la música son partes importantes del Cinco de Mayo. Las bailarinas hacen girar sus coloridos vestidos cuando bailan.

Algunas personas hacen el Baile del Sombrero Mejicano en los festejos del Cinco de Mayo.

DATOS SOBRE EL CINCO DE MAYO

Estas páginas contienen más detalles sobre los interesantes datos de este libro. Están dirigidas a los adultos, como soporte, para que ayuden a los jóvenes lectores a redondear sus conocimientos sobre cada celebración presentada en la serie *Celebremos las fechas patrias*.

Páginas 4–5

El Cinco de Mayo se celebra todos los 5 de mayo. Ese día es el aniversario de una importante batalla mejicana. El Cinco de Mayo es una de las fiestas patrias de Méjico. En esta fiesta, la gente tiene la oportunidad de demostrar su orgullo por su país y su cultura. La gente de Méjico y Estados Unidos han celebrado el Cinco de Mayo por más de 100 años.

Páginas 6–7

El Cinco de Mayo es la fecha de una batalla entre Méjico y Francia. El 5 de mayo de 1862, un pequeño ejército, compuesto en su mayoría por granjeros, defendió a Méjico en la Batalla de Puebla luchando contra un ejército mucho más grande de soldados profesionales franceses. Fue la primera vez que el ejército francés perdía una batalla en más de 50 años.

Páginas 8–9

En las celebraciones del Cinco de Mayo, suele haber eventos para recordar a Ignacio Zaragoza. Con 33 años, comandó las fuerzas en la Batalla de Puebla. A pesar de tener menos hombres y menos armas, las fuerzas mejicanas vencieron al ejército francés. La victoria le dio a Méjico y a su gente la esperanza de poder ganar la guerra contra Francia. La guerra terminó en 1867, cuando los franceses fueron obligados a abandonar Méjico.

Páginas 10–11

El Cinco de Mayo se celebra en todo el país. Algunos de los festejos más grandes se realizan en Nueva York, Nueva York; St. Paul, Minnesota, y Denver, Colorado. En Los Angeles se realiza el festejo del Cinco de Mayo más grande de los Estados Unidos. Ocupa hasta 36 cuadras. Todos los años, cientos de miles de personas asisten a los festejos en Los Angeles.

Páginas 12–13

El Cinco de Mayo es mucho más que la celebración de una batalla. En Méjico, el Cinco de Mayo se celebra mayormente en Puebla. Se festeja mucho más en los Estados Unidos. Con los años, se ha convertido en una celebración para todos los latinoamericanos o hispanos. Es también un momento en el que muchas personas no hispanas aprenden más sobre Méjico y su historia y viven la cultura latinoamericana.

Páginas 14–15

El Cinco de Mayo es un día para comer muchas comidas especiales. Para muchos, comer comidas especiales es una parte importante de las festividades del Cinco de Mayo. Durante ese día, la gente come comidas tradicionales, entre las que se encuentran las gorditas, el menudo, los buñuelos y el mole poblano.

Páginas 16–17

El Cinco de Mayo es una fiesta o día festivo. En algunas ciudades, los festejos del Cinco de Mayo duran varios días. En las celebraciones suele haber carnavales y ferias callejeras con juegos y venta de artesanías. Una de las atracciones más grandes del festejo son los desfiles, con carrozas de colores brillantes, bailarines y músicos.

Páginas 18–19

El Cinco de Mayo es un día para hacer flamear la bandera mejicana. En las celebraciones del Cinco de Mayo todo se viste de verde, blanco y rojo. Estos colores tienen significados especiales. El verde representa la independencia, el blanco representa la religión y el rojo simboliza la unidad. Además de las banderas, la gente también se viste de estos colores durante el Cinco de Mayo.

El baile y la música son partes importantes del Cinco de Mayo. Las bailarinas de Jalisco, llamadas así por un estado mejicano, llevan trajes de vivos colores con faldas largas que llegan hasta el suelo y rayas de diferentes colores. Las bailarinas realizan movimientos circulares haciendo girar sus faldas. Las acompañan bandas de mariachis que caminan por las calles tocando la música tradicional mejicana.

Páginas 20–21

¡Visita www.av2books.com para disfrutar de tu libro interactivo de inglés y español!

Check out www.av2books.com for your interactive English and Spanish ebook!

1 **Entra en www.av2books.com**
Go to www.av2books.com

2 **Ingresa tu código**
Enter book code

X459237

3 **¡Alimenta tu imaginación en línea!**
Fuel your imagination online!

www.av2books.com

Published by AV² by Weigl
350 5th Avenue, 59th Floor New York, NY 10118
Website: www.av2books.com   www.weigl.com

Copyright ©2016 AV² by Weigl

Library of Congress Control Number: 2014915460

ISBN 978-1-4896-2664-6 (hardcover)
ISBN 978-1-4896-2665-3 (single-user eBook)
ISBN 978-1-4896-2666-0 (multi-user eBook)

Printed in the United States of America in North Mankato, Minnesota
1 2 3 4 5 6 7 8 9 0 18 17 16 15 14

112014
WEP020914

Project Coordinator: Jared Siemens
Spanish Editor: Translation Cloud LLC
Design and Layout: Ana María Vidal

Weigl acknowledges Getty Images as the primary image supplier for this title.